LA AVENTURA DE LA JUVENTUD
VERDADES Y MENTIRAS
Joven comprende lo básico

LA AVENTURA DE LA JUVENTUD

VERDADES Y MENTIRAS

Joven comprende lo básico

DIEGO MARIN CHARRIS.,MD

JÓVENES UNA MARAVILLA

El niño dios no existe.

El cielo es la tierra.

El éxtasis es la vida.

Somos inteligencia pero sufrimos.

Crea el mundo que deseas.

Tu mente te supera.

No duermas, vive.

Disfruta de la vida.

Pon atención, solamente enfócate todo fluirá.

Fracasos, rupturas, pérdidas, destrozan hoy el ser de la juventud, llevándolos al consumo de drogas, alcohol, suicidios; momentos tempranos de angustia, depresión, ansiedad e incomprensión.

Proyecciones, e identidades los confunden, induciéndolos a pensamientos de autodestrucción, y ello radica en la potencialidad de la mente, de la inteligencia, de la ignorancia del manejo de esta increíble herramienta.

El joven actor de la vida, cuenta con la opción de vivir en armonía, confianza, valor, coraje, amor, sabiduría, alegría, felicidad, bienestar, para crecer y desarrollar un movimiento de vida activo y pleno, de la mano del ser, de la inteligencia, de las emociones, del cuerpo en permanente e ilimitado bien.

Este maravilloso texto es fuente de bienestar en todas esas experiencias humanas, logrando tempranamente en tu existencia alcanzar ese aprendizaje que valoraras para siempre.

Sabiduría o desastre mental dependen de la manera como afrontes las circunstancias vitales.

La idea es, no menospreciar la vida, tienes todo por ganar y nada por perder, aislarte de las concepciones tradicionales de padres, educadores, amigos, televisión y celulares, es la mejor herramienta para vivir sin límites.

Tienes la potencialidad de pensar, aprovéchala aunque te confundas, es tu mente, no tú. Cuestiona absolutamente todo, aun este texto, es tu sentido natural para lograr maravillas existenciales.

El mundo está cambiando, tu también y eso es fabuloso, no te asustes, sigue adelante.

APRENDAMOS

Apreciado joven, adulto joven, en términos globales, un maravilloso individuo de la especie humana, consta de dos partes bien definidas. Un Cerebro y un cuerpo.

El cerebro manifiesta su función por medio de la mente.

Esta es la primera dualidad (dos separados) que conocemos cuando comenzamos a sufrir; preciso, no la conocemos, sentimos y las experiencias de la asociación con la educación y otros seres nos convencen de su existencia.

La experiencia científica nos cuenta de evidencias descubiertas en el recién nacido que permiten establecer su adaptación a la vida, la inmadurez es uno de ellos, o por lo menos su total incapacidad para sobrevivir solo.

¿Este recién nacido será feliz?, mientras duerme luego de ser alimentado al seno, y una vez expulsado los gases de la deglución, parece tranquilo. Sin embargo, esa es la experiencia del observador, fruto de sus pensamientos. La pregunta obvia, es ¿Cuál es la fuente de la información que le permite a un ser humano llegar a esa observación?

Los mismos pensamientos, me cuestionan, la duda, sobre la vivencia del bebé, ¿Te sientes tranquilo mientras duermes? si pudiera responder ¿sabría de que le están hablando a tan tierna edad? La experiencia que confunde los pensamientos, nuevamente sobre información, cuyo origen desconocemos, ofrecería una versión, que correspondería a la realidad del sujeto que observa y responde. Tendencia que podría ser aceptada por muchos o resistida por otros.

Este sencillo ejemplo corresponde a una tarea que cumple el cerebro a través de la mente, ente sin configuración anatómica precisa, cuya fuente son procesos presumimos de las células del cerebro (neuronas) y de sus uniones (Sinapsis), función que se complementa con un importante material de sustancias (Neurotransmisores), que se materializan en energía, que se ha denominado, pensamientos.

Y ellos se nutren de la información que los sentidos captan del ambiente, a una velocidad increíble, inconsciente, en oposición a una limitada velocidad consciente.

Estas sencillas bases, corresponden al proceso que surte la causa del sufrimiento y dolor humano, en la experiencia humana creada por el hombre como sistema social, gobernada por el mismo hombre, cada uno con experiencias propias, sin parámetros universales de bienestar, y carencia absoluta de autocontrol.

En este universo de posibilidades podemos encontrar vertientes extremas, moderadas, y demás en este amplio rango.

Quisiera manifestar en este escrito, lo que todos deseamos vivir, algo parecido a lo que le sucede a las otras especies, como ciclo vital corriente, sin la intervención humana, o sea ser felices, sanos, plenos, conscientes, dueños del bienestar total, y con capacidades superiores para crear desde la imaginación lo que deseemos.

Aún en el más simple caso de satisfacción humana, guardando condiciones estables y armonía absoluta, el hecho de la alimentación, podría generar una respuesta hormonal que afecte ese equilibrio, y la respuesta un ejercicio mental.

En esta mentalidad creada por los procesos externos, vivimos en un mundo alejado de la vida.

La mentalidad de un ser humano se expresa públicamente y de esta manera reconoce a los otras mentes de seres a su alrededor, esta la razón de las diferencias sustanciales en la comunicación.

La mente vive en las proyecciones futuras y pasadas, y crea miedos sobre lo que no existe, por lo tanto trabaja sobre imaginarios.

Pensamientos y miedo se entrelazan, limitando la estabilidad, y por contera la exuberancia de la vida.

Corresponde a la consciencia actuar para observar la basura mental que has creado, y las identificaciones que te hacen daño.

La primera de ellas es la identificación con el cuerpo, la mente creará lo que tus pensamientos deseen, todos cuestionables.

La segunda es la creencia de que existe alguien en tu interior que está transformando tu vida, en negativo, completamente falso.

La tercera, el pensamiento de que tu vida está completamente destruida, otra creencia sin fundamento.

No poseemos, ni tenemos nada de nacimiento ni de muerte, solamente experimentamos una realidad física, y sufrimos por la inducción externa, vivimos desde la mente las realidades externas, una total adicción sin asidero real.

Este es el escenario primario de la existencia, sobre esta experiencia primitiva vamos a estudiar varias opciones de existencia y posibilidades de entendimiento y comprensión para avanzar por ella, con relativa consciencia, y sanidad mental y física.

CONOCERSE A SI MISMO

Existe un espacio invisible, en donde reside quien soy, quién eres, entre el cuerpo y la mente.

Solamente hay un individuo tú, en un cuerpo, el tuyo, con una mente, la dinámica se restringe a esta absoluta realidad.

La dificultad de este conocimiento es dependiente del uso de una poderosa herramienta cerebral, de una mente que pocos sabemos cómo maniobrar, siempre aceptando la responsabilidad de su empleo.

El sistema de formación y enseñanza se funda en el intelecto, y abandona la disciplina de la comprensión del ser y de la integración mente y cuerpo, hecho que condiciona presiones indebidas en fases tempranas de los jóvenes para profundizar en su crecimiento y desarrollo desde lo básico y fundamental.

El despertar físico, los ciclos de existencia de los jóvenes de 10 a 14 años, definen este conocimiento, por eso, debemos a esta edad introducirnos en la espiritualidad para dejar la identificación con el cuerpo, que constituye la primera forma de identidad, y avanzar hacia un mejor ser humano, en evolución.

La experiencia posterior, acumula memorias e identificaciones en estos límites vitales que encubren el ser.

Descubrir ese ser, requiere despejar esas memorias, esas identidades, para hallar quien soy con honestidad.

Establecer capacidades de agrado, de disfrute, de alegría de felicidad, de paz, de ignorancia, de observación, admiración, de dicha, de jugar, en una dinámica sombrosa de cambio, ilumina en algo el interior del ser para lograr un bienestar en la consciencia plena.

Adentrarse en este mundo del autoconocimiento libera la vida, y elimina las inseguridades, por cuanto aceptamos la mortalidad, y la ausencia de ganancias o pérdidas en la vida corriente; este hecho es la posibilidad de maravillarte, asombrarte, evolucionar, sucediendo todo en completa intensidad.

Conocernos, facilita la estabilidad, el equilibrio y la armonía de la vida, para germinar en claridad, separando las identidades de cuerpo y mente, inmersos en una realidad incomprensible que expresará el ser, en el llanto sin control, en el brillo de lo desconocido, allí él quien soy.

NO SE

Inicialmente observo, que los seres de la especie hablamos de más, y en adición creemos que siempre tenemos la razón.

Esta la causa de grandes crisis, conflictos y violencia en la humanidad conocida.

Dos experiencias delimitan este espacio de vida, la primera la opción de conocimiento, de aprendizaje, de oportunidades y de posibilidades, las más valiosa, cuando ante cualquier situación de la vida empleamos, la respuesta más consciente y natural NO SE.

La segunda opción la causa de desdicha más corriente, es el SI SE, y se refuerza cuando, quien establece la respuesta afirma tener la razón y el conocimiento, este hábitat un límite al aprendizaje, un instrumento de restricción y de atraso para el intelecto del hombre.

Es muy difícil para los seres humanos que usualmente vivimos en piloto automático, hablar de saber, cuando solamente nos referimos a contenidos e información que otros nos suministran, incluso bajo el sesgo de las creencias, por eso, la afirmación de saber es bastante nociva para la vida.

Para un ejercicio vital satisfactorio, mi recomendación sería partir del NO SE siempre, y en particular cuando se trata de la sabiduría del conocimiento propio.

La tendencia nos demuestra que muy pocos individuos de la especie se conocen, y pueden tener la capacidad de transmitir a otros, la senda de la experiencia para lograr ese autoconocimiento.

Partimos de una base poco solida en todos los aspectos de la vida espiritual para el crecimiento personal, en tanto la formación para la vida no atiende a la enseñanza de este especial software, humano, la manera de auto conocerse, proceso que entre más tarde en la vida será más complejo por la multitud de cargas existenciales que llevamos en la mente, el cuerpo y el arsenal de emociones.

Derribar y dejar de lado cada una de estas memorias, usualmente externas a nosotros, implica un proceso profundo de aceptación, y reconocimiento de no saber, y de igual manera de responsabilidad por cada suceso que haya conllevado una impronta para la vida del ser.

Por eso repito, la mejor manera de lograr un espacio permanente de aprendizaje en la vida se basa en reconocer que no sabemos, esta respuesta un manantial de sabiduría, poder y aprendizaje

innegable para el ser, de auto-
reconocimiento y de enseñanza para
otros seres con verdadero valor humano.

MIEDO

Esta es la emoción humana más corriente, inexistente como realidad, pero limitante para la especie, en todas sus actividades y vivencias, producto del manejo inconsciente de la vida usualmente.

Ya lo sostuve, inexistente, pues, es una experiencia producto de la mentalidad humana inducida, es una proyección de imaginarios sobre lo pasado y sobre lo futuro, y ese gap de incertidumbre desencadena toda la experiencia negativa que nos limita para vivir de manera exuberante.

El miedo requiere de una enorme carga energética e imaginativa para su creación, lo que desgasta ostensiblemente la calidad de vida, cuando pocas veces se materializa en una realidad.

Superar el miedo es una meta inalcanzable, por cuento como ente no existe, contrario sentido podemos, experimentar sus manifestaciones, ya que de alguna manera pueden contribuir a evitar que suframos daños por el descontrol de la mente en su creación y en alguna de sus facetas.

Varios individuos pueden experimentar ante situaciones imaginarios la misma emoción, pero la experiencia no es asimilable entre uno y otro por ello, es muy difícil aconsejar una salida simple al quienes están muy confundidos por esta situación.

No obstante, si no te identificas con tu mente, si dejas de vivir en tu mentalidad, y reconocer conscientemente que es eso, una creación imaginaria de una vida mental desde lo externo, podrás encontrar una salida al dilema que crea.

La alternativa al miedo, es llevar a la mente a otros escenarios más serenos, apacibles, desde su opuesto, el amor, o desde el humor como ejemplos de cambio.

La integración mente miedo, se supera cuando te conoces, manejas emociones, energía, y mente.

El miedo puede tener raíces en casos inusuales, en las memorias de las generaciones previas, o en huellas de la infancia temprana despertando en estados de inconsciencia ante situaciones o patrones que las atraen y recuerdan, este escenario si merece una ayuda cualificada para superarlo.

El miedo puede usarse en la justificación de la existencia, para esconder inseguridades, y manipular relaciones y entorno, e incluso, generar dependencias ante las críticas externas.

Por lo tanto, superar el miedo es tarea de vivir en la realidad, en el presente, en la consciencia del momento, en evitar la identificación con la mente y sus interpretaciones.

LA MENTE

Expresión del Cerebro, del intelecto humano maravillosa, construye estados que denominamos mentalidad, en donde la información percibida es su base, luego las memorias, y la identificación con hechos, sucesos, circunstancias, pasado, futuro, genómica. Diseñada para darte claridad y profundidad en la vida,

Maneja velocidades de función y memoria increíbles, que integran gran cantidad de nuestras funciones vitales y actividades; pero de la misma manera causa de sufrimiento por su tendencia a focalizarse en lo negativo de la existencia, para la prevención de hechos que generen peligro al ser.

Este poderoso ente tiene la enorme capacidad de crear, a través de pensamientos, llevándonos a estados del ser impredecibles, por el desconocimiento de su manejo, ira, miedo, alegría, angustia, ansiedad, felicidad, desasosiego, miseria, son productos de su ejercicio.

El dilema más común de este mecanismo, es la identificación con eventos particulares que no somos, y su diseño a través de imaginarios, estructurando miles de pensamientos, en oposición a su función natural de claridad bajo la consciencia.

Identidades y roles son la fuente de su ruido, trabajo, familia, ideas políticas, religiosas, espirituales, emociones, deseos irracionales, etc.

Y de la misma manera ante su descontrol causa de enfermedades, por la naturaleza de su expresión energética en pensamientos que llevan a desequilibrios y perdidas de armonía en el cuerpo con su impacto disfuncional.

Los seres humanos deseamos salir del encierro que puede crear, en oposición a su natural ejercicio de dicha y agrado.

La mente de los niños y jóvenes es la más susceptible a los daños de la sociedad y las relaciones que esto implica, debemos partir siempre de la premisa de no creer nada, para luego afirmar no sé, y de allí aprender, la base de una vida en paz, desatender este consejo lleva al estado de los adultos, aún siendo jóvenes.

La estrategia de suspender su actividad es una meta de sistemas económicos que se lucran con la autoayuda para su aparente control; en contravía de la ausencia de identificación con lo que no somos, que verdaderamente calma su dinámica desorganizada, si asociamos el silencio sus alcances mayores.

Otra increíble herramienta de superación de su actividad exagerada, es la separación entre su actividad y nuestra capacidad de observación, generar cierta distancia nos permite observarla, y mermar su impacto emocional en nuestra vida.

La prevención, es la fuente de su utilidad, dirigida hacia los fines de una vida feliz y plena satisface esa integración, se enfoca en esos temas, si sales de esa esfera su control no será sencillo.

La mente como sanadora es un tema discutible, sin embargo, bajo la lógica humana, si crea podría hacer lo contrario, varios casos sustentan esta tesis. Creería depende el suceso exitoso del tiempo que ha venido llevando a su desequilibrio. A pesar de lo cual, la ignorancia no puede ser excusa para maltratar a nuestra mente y por su intermedio al ser.

Esta ignorancia es mediada por el sistema social que se lucra de sus desórdenes. Se encuentra en nuestras manos integrar una enseñanza precoz, de manejo de esta herramienta para minimizar daños en el largo plazo, sobre nuestra salud.

VIDA SALUDABLE

Integrar una actividad saludable de mente, energías y cuerpo es la vía de la existencia, traduce el germen de una vida saludable y plena.

Pensar, ejercitar el cerebro, el cuerpo, en la cotidianidad estimula funciones vitales en armonía y equilibrio, el secreto es dejarla fluir sin tropiezos.

Dependencias emocionales, alimenticias, calidad, procesos de ingesta, inactividad, disfunciones de la mente, conducen a dejar de vivir y adentrarnos en trastornos.

El sueño y la alimentación constituyen fuentes de vida saludable, de acuerdo a las necesidades generadas por las actividades que desarrollamos.

La selección de lo natural en la alimentación conduce al bienestar, en tanto respetemos nuestra naturaleza de herbívoros, y calidad de la ingesta hasta un alto porcentaje viva y simple en su composición, nada de seres muertos, asociado en la consciencia de la alimentación, en la postura, reduciendo las horas del sueño.

Ingerir agua, exponerse al sol diariamente, respirar aire limpio, caminar en actividades corrientes, reducir el ruido, nadar.

DISFRUTE

La energía de la naturaleza se expande a los seres si lo permitimos, se vierte en un ánimo energético, relajado, con la alegría, espontaneidad, juego, salto, caricias, mimos, sonrisas, e irrespeto son causa de dicha y disfrute.

Tener un rostro relajado, amable con una sonrisa a flor de piel, jugar con todo y todos, es la fuente de simbiosis más natural con el planeta.

Las pequeñas grandes situaciones de la vida conforman ese gozo y dicha de la existencia.

Alejar la seriedad, los dilemas corrientes mutados en dramas, la convivencia disfuncional, y adentrarnos en la risa, la alegría, el humor, la actitud de felicidad, el llanto de emoción, el entusiasmo, los juegos, atraen el marco de obligación que tenemos los seres con este planeta, por su oferta de abundancia y riqueza para sus habitantes.

Ser diversos como especie, con caracteres y personalidades diferentes, en los roles convencionales, están siendo controlados y manipulados por un sistema que los envuelve y separa de la llama de la existencia, de la dicha del entusiasmo, de la pasión del disfrute.

Retomar la senda existencial, sin tragedias, aligera el bienestar, la experiencia está ocurriendo dentro de nosotros todo el tiempo.

Sonríe a cada momento de tu existencia, es la clave para abandonar los miedos.

EMOCIÓN

En el crecimiento y desarrollo del ser humano se va extinguiendo la naturaleza maravillosa de las emociones, por el contacto con seres humanos ya maltratados por las mismas, confunden a los jóvenes y les hacen perder su espontaneidad.

Las emociones son completamente normales, todos las experimentamos desde el ser, no tienen impacto cuando se dejan expresar cobre la mente ni el cuerpo.

El defecto surge cuando el sistema de vida, el académico y el laboral nos obligan a experimentarlas desde afuera de nosotros, y allí comienza el sufrimiento y el dolor innecesarios, reproducidos por las experiencias y la mente.

Los muchachos no tienen ningún caos existencial en la adolescencia, ni es una guerra de hormonas como se sostiene. Ellos son tan normales que expresan sus emociones de la manera más vívida posible, los adultos son los que amañados y sometidos por el sistema de sus vidas y memorias, los ven como anormales y tratan de inducirlos a sus formas de ver y pensar, quitándoles la maravillosa experiencia de sentir.

Esta incomodidad es la que los lleva a desmotivarse, desalentarse y no apreciar un futuro, es le mente de los adultos la que está trabajando allí y no la de los jóvenes.

Los medios masivos deben desalentarse, pues, sus mensajes buscan modificar las emociones para crear patrones de respuesta programados, que afectan pensamientos y sentimientos, origen de las emociones.

Por eso para estar sanos deben dejarlas expresarse, no las restrinjan ni las limiten jóvenes, rían, jueguen, salten, corran, caminen, lloren, amen, cuando algo les moleste manifiesten sus incomodidad en cortos espacios de tiempo, lean, escuchen música, practiquen ejercicio, convivan con otros seres de todas las edades sin discriminación, eviten los modelos viejos de sus padres y entorno, únanse a aquellos que aunque mayores siguen jugando con la vida.

Las emociones son fuente de felicidad, no de tristeza ni depresión, esa es una creencia de los adultos y la televisión para someter su fuerza y joven espíritu.

La juventud es aventura, y la aventura es juventud, hay riesgo, imprevisión, es una memoria maravillosa que alegra la vida.

Adelante con toda la fuerza que la naturaleza les da.

Este consejo es igualmente válido para los jóvenes de 80 y mas años, sigan viviendo como los muchachos, el tiempo de vida es el mismo, el día presente.

MOTIVACIÓN

Somos el producto más evolucionado de la naturaleza, dotados de altas complejidades cerebrales, que magnifican la experiencia humana, y conllevan un intelecto que desarrolla la mente humana, y se llena de memorias;

por ello, se requiere de un entrenamiento especial para su manejo, un código particular para saber manejar esas poderosas herramientas.

La deficiencia en el uso acertado de este ente, radica en la formación desde temprana edad, y a pesar de ello, ningún sistema educativo contiene en su esquema de educación esta disciplina de conocimiento de la mente y el cuerpo.

Conocer el uso de la imaginación, de las memorias, del momento presente constituye la solida base de la felicidad usando el tiempo a tu favor, invirtiéndolo y enfocando las capacidades, en integración con la pasión de la vida.

La motivación radica en ese uso maravilloso de las capacidades, en lo que sea, pero enfocados, con dedicación disciplina, amor, y entrega; repito en lo que sea, esta acción dispara mecanismos poderosos de bienestar para la vida plena y consciente.

Los muchachos no deben seguir el sistema tradicional de educación que limita el crecimiento del ser, cuando estipula procesos, metas, objetivos; estos son conceptos restrictivos del crecimiento en la vida, que es dinámica, no estática, nos orienta hacia los resultados, si se alcanzan no se produce felicidad, si no se logran desilusionan y establecen una carga para la mente injustificada.

Para no desmotivarte, requieres conocer el poder y la sabiduría de tu mente, y al reconocerlas, entender tu potencialidad y aprovecharla para hacer lo que más te apasiona y atraes con facilidad; y luego lo realizas sin expectativa o resultado.

El propósito de la existencia que te debiera motivar es vivir, descubrir la maravilla de esta en cada instante, asombrarte de sus dimensiones, alejada de familia, trabajo, sociedad y otras distracciones.

Bajo la mirada prudente del complejo sistema mental que poseemos, el trabajo en la contemporaneidad poco se disfruta; los individuos están viviendo ese espacio desde la mente, preocupados por todos e incluso por su trabajo; el trabajo se convierte en una tarea más sin sentido para seres que viven esta realidad de esa manera.

El trabajo motivante es aquel que nos ayuda a conocernos, a crear, a vivir, llenos de gozo, dicha, alegría, entusiasmo, es una diversión sea cual sea el nivel de desempeño o estructura del empleo.

El trabajo con esfuerzo y sacrificio conduce a la miseria humana, propia y del entorno.

Debes trabajar por amor en este caso particular, con alegría se obtienen mayores réditos, sin identificaciones. El éxito es un programa humano, es una identidad, no un fin de la vida en sí misma.

Si deseas el éxito lleva tu energía, percepción, máximo potencial e inteligencia hacia la eficiencia, haciendo las cosas correctas dentro de tu profesión, arte oficio, o aquello que hayas escogido para tu bienestar, sin esperar resultados.

Si lo vez de otra manera, solamente estarás en proceso de sobrevivencia y esta perspectiva abunda en dolor y sufrimiento, pues la mente en este ambiente encuentra elementos de distracción poderosos, tanto en el pasado como en el futuro, y la carga emocional insostenible para hombres y mujeres puestos en ese rol.

Por eso es común, que seres brillantes en su mundo de éxito sufran incesantemente, alejados de la percepción de la vida y sus bondades, no ven la realidad tal como es, y por eso no viven en goce y alegría con sus logros, se han identificado con el éxito y su mente se ha dedicado a proteger a esta, olvidando lo demás.

AMOR

Una emoción intensa, relevante en el ser humano, desprovista de dolor, llena de sabor, dulzura, es el ideal; si compagina cuerpo, mente, emociones y energías serás la expresión más elevada de este.

Es agradable por elección, se extiende a todas las esferas de la relación humana, es un gran estímulo, en su expresión más especial se visualiza en las mascotas.

Es una dimensión sensible al cambio, en límites muy sutiles de la experiencia, si la emoción es representación del interior se vivirá con esa expresión, sin esfuerzo, intentos de ir en contravía opone una resistencia innecesaria.

Usualmente es la manifestación voluntaria del ser, entendimiento entre las partes relativa, por eso la emoción agradable se aleja de ir en contra de la voluntad, se quiere y se hace, no se quiere y no se hace, se construye en el diario vivir, no amerita remordimiento ni sanción, cuando se elige algo diferente, aunque el inicio de la experiencia haya sido elevado por la emoción.

Las relaciones en muchos niveles, y en lo particular entre dos seres se modifican por su relatividad, y nos permiten transformarnos, crecer y agradecer;

siempre cambiantes requieren de niveles altos de atención y compromiso.

La fuente de alegría, miseria, dulzura, se encuentra dentro de nosotros, por ello debemos asumir esa responsabilidad, ante cualquier relación.

Las necesidades que llevan a este campo de compromiso de pareja son muy diversas.

Guarda como eslabón de permanencia, la escogencia, el querer, haciéndonos maravillosos para ocupar este espacio en el compromiso, la atención, la dulzura, el respeto, aún en tiempos de dinámicas poco agradables; la consistencia en el tiempo fluye en estabilidad que facilita la vida de cada individuo, la inestabilidad engendra inseguridad y desconfianza, estados pocos útiles para avanzar con plenitud y gracia.

Las separaciones afectivas de las parejas, se asocian a dolor por la existencia de procesos mentales, en particular por la persistencia de memorias acumuladas que impactan el cuerpo, es una pérdida propia, por ello, crea sufrimiento, en diferentes grados de profundidad ante la insuficiencia del ser, este te dará la vía para completar de nuevo el balance y la armonía propio, en la comprensión de tu unidad.

En este contexto, la responsabilidad de padres y madres en la conformación de una familia se basa en la inexperiencia, en la ignorancia, y para poder desempeñarse con algún grado de eficacia, radica en el autoconocimiento, apreciando el mejor ser de cada miembro de la pareja, en agrado propio, para su expansión hacia la descendencia, dentro de los límites del ser humano que somos como padres, abiertos hacia el aprendizaje en todo espacio de duda de parte y parte.

DECISIONES

La sociedad en que vivimos nos lleva a este parámetro en todo momento a lo largo de la existencia.

El camino recorrido, influye directamente en la acción tendiente a definir la manera de involucrarnos; esta intención ya es un tremendo avance.

Por eso, cuando tenemos oportunidad para distanciarnos un poco de la situación que requiere de una decisión, estaremos dando el primer paso para tomar la ruta más eficiente.

Tenemos muchas ideas sobre cosas que no hemos visto, la percepción presente puede estar desenfocada, circunstancias, raíz de errores en las decisiones, debes involucrarte un poco más y poner más atención para no incurrir en el sesgo de creer que sabes, cuando tu saber está limitado a tu conocimiento mental de creencias.

La manera como tu mente se identifica con las cosas te da un panorama no muy real de tus apreciaciones.

Elegir, es un grado mayor de la decisión que te permite acceder a la consciencia para ver que el poder, la prosperidad, el amor, la abundancia, la alegría, bondad, felicidad, belleza, bienestar, se encuentran en nuestro interior y desean manifestarse, solamente debes elegir permitirles salir, en presencia y dinámica consciente.

De esta elección y su aplicación saldrá la corazonada de la senda a seguir, que expresas internamente, en total plenitud y certeza universal, ya que, no dependes de las circunstancias, sino de quien eres, de esa libertad que desea manifestarse y escuchas todos los días.

Entonces, la decisión será simple en todos los casos, un sencillo, sí, a quien eres y su expresión más natural desde la consciencia.

ABUNDANCIA

¿Qué eres?

-Seguramente no eres dinero, pero deseas y te enfocas en él, pasa de ser un proceso que facilita el intercambio a desear comprar la vida con esta moneda.

-Una mentalidad de pobreza, prestas atención a la ley de atracción, a la visualización, al miedo para decidir, te falta ambición, eres envidioso de los demás y sus logros, te enfocas en la carencia, tu vida esta predestinada.

-Pensamientos, que te arrastran en confusión todos los días, repetitivos y negativos, sin alegría, sin saber cómo vivir, aun poseyendo enormes cantidades de dinero.

-Feliz, involucrado, comprometido, la vida está pasando como debe pasar y tú estás disfrutando y gozando, resonando, aunque no sea como tú quieres que pase.

Te agrada la idea de viajar en un único sentido orientando energía, mente, cuerpo, emociones, se manifestara lo que quieras en un tiempo indeterminado.

Por otro lado, si estas programado en las ideas del planeta, sin saber quién eres, estas herramientas te podrán conducir a la abundancia material: Modifica tu lenguaje de pobreza; mira el dinero como la oportunidad de crecimiento y bienestar; vibra en gratitud hacia la abundancia todos los días, agradece el momento y sus evidencias; relájate; deja de ser víctima y vuélvete proactivo; recarga tu cuerpo, en felicidad y autoestima; se responsable y autónomo por tus decisiones; persiste en tus sueños para alcanzar la vida que deseas.

SÍNTOMA

Sufres tu propia imaginación, te has identificado con tu mente, con lo que no eres, te esfuerzas día a día en llegar a ese síntoma, a ese dolor, a ese sufrimiento, trabajas para ello en tu inconsciencia, y una vez lo alcanzas te quejas, te has alejado de la alegría, de lo agradable, de la ventura, del crecimiento sin dolor.

Las manifestaciones físicas del cuerpo, como el dolor, son necesarias para que reconozcamos la vida y sus increíbles maravillas.

En el momento en el instante del curso de la vida no hay dolor.

El dolor no debe ser encubierto, debemos enfocarnos en corregir la fuente de la incomodidad creada, el cuerpo debe volver a su estado de equilibrio y armonía para que no duela, en perfecta alineación para su función, y así generalizarla experiencia todo el cuerpo.

Estrés y ansiedad, son manifestaciones corrientes para los jóvenes, su origen la exuberancia de la mente y el cuerpo, por la ignorancia en el manejo de estas herramientas, estas manifestaciones se reducen si comprendes que no tienes que vivir para el mundo exterior, solamente para la vida, la tuya, como se presente, tu inteligencia desborda por momentos la integración a la rutina y a los acuerdos sociales, abandona cuando quieras, nadie te obliga, ocúpate en sonreír, en observar, en alegrarte, en experimentar el suceso y nada más.

ENERGÍA

La integridad del individuo se despierta con energía en el renacimiento diario en vitalidad, tranquilidad y alerta.

Se expande la energía cuando consumes conscientemente alimentos vivos (frutas, verduras, germinados, frutos secos), sin el desgaste de la cocción; en este último caso, el organismo se desgasta energéticamente.

Estamos dotados de centros energéticos que nos brindan opciones de vida según su dominancia en cada individuo: Comer, dormir, placer, ser hacedor, creativo, elevados deseos de avanzar más allá.

Complementar una dieta saludable, con cuidado del agua, con la menor cantidad de cocción, asociada a un estímulo saludable de los centros energéticos en un entorno de alegría, felicidad, dicha, y gusto, en plena consciencia por la vida, establece niveles energéticos y vibraciones altas que garantizan una perfecta alineación de mente, cuerpo, y emociones.

La consciencia, la presencia, la meditación limpian la energía para hacernos más saludables, elevados, cada experiencia se vivencia profundamente.

ESPIRITUALIDAD

Si has llegado a este punto, y comprendido el mensaje, estás consciente, conoces, la presencia te acompaña, si superas el límite de la sobrevivencia penetras en la espiritualidad, para el disfrute.

Avanzas, aprecias, te maravillas, te adentras en la vida, hay ausencia de palabras, y el tiempo no es un referente, la dicha ilumina el ser.

Cuando evolucionas, y penetras en una experiencia que nos diluye y desapareces en ella, adentras en la espiritualidad del universo, sin definiciones, sin memorias; si vas hacia adelante compilas consciencia y superación de lo físico.

El uno con todo, la unidad, desaparece el ego, se integra el ser a la fuente, y te enfocas en la dimensión más evolucionada, solamente cierra tus ojos y disfruta.

TRASCENDER

El cuerpo es la sumatoria de energía, mente, corporalidad e inteligencia, y todas estas dimensiones en la mecánica de la vida se disocian al trascender.

La visión espiritual es particular, desde la cultura, en la comprensión de quien vive el suceso como protagonista o como observador, fenómeno de claridad y alegría o de oscuridad en lo material en especial.

Puedes ir desde la reencarnación, hasta la ausencia del fenómeno de la trascendencia, en una forma diferente que avanza hacia el universo y se integra a la unidad, para una nueva experiencia física, o se libera en una dimensión sin forma cósmica.

No existe una fórmula para afrontar el hecho, es también el producto del autoconocimiento, y del grado de consciencia alcanzado, para avanzar de forma suave hacia el suceso existencial necesario.

Nadie conoce, ni sabe, las expresiones de este saber surgen de las concepciones humanas, creencias, sobre las cuales tú puedes formar tu percepción especial.